THIS BELONGS TO:

INDEX

RECIPE	PAGE NO.

INDEX

RECIPE   PAGE NO.

INDEX

RECIPE	PAGE NO.

INDEX

RECIPE	PAGE NO.

MEASUREMENTS and EQUIVALENTS

- 3 teaspoons = 1 tablespoon

- 1-1/2 teaspoons = 1/2 tablespoon

- 4 tablespoons = 1/4 cup

- 8 tablespoons = 1/2 cup

- 16 tablespoons = 1 cup

- 1 cup = 1/2 pint

- 2 cups = 1 pint

- 4 cups = 1 quart

- 2 pints = 1 quart

- 1 cup = 8 fluid ounces

- 32 ounces = 1 quart

- 2 quarts = 1/2 gallon

- 4 quarts = 1 gallon

- 1 stick of butter = 8 tablespoons = 1/2 cup

LIFE IS
SHORT.

LICK THE
BOWL.

Recipe _____

SERVINGS _____   SERVING SIZE _____   COOK TIME _____

INGREDIENTS

_____   _____
_____   _____
_____   _____
_____   _____
_____   _____
_____   _____

DIRECTIONS

_____
_____
_____
_____
_____
_____
_____
_____
_____
_____
_____
_____
_____
_____
_____
_____
_____
_____
_____

Notes _____
_____
_____

Recipe

SERVINGS _____ SERVING SIZE _____ COOK TIME _____

INGREDIENTS

_____   _____
_____   _____
_____   _____
_____   _____
_____   _____
_____   _____

DIRECTIONS

_____
_____
_____
_____
_____
_____
_____
_____
_____
_____
_____
_____
_____
_____
_____
_____
_____
_____
_____

Notes

_____
_____
_____

Recipe

SERVINGS _____   SERVING SIZE _____   COOK TIME _____

INGREDIENTS

_____   _____
_____   _____
_____   _____
_____   _____
_____   _____
_____   _____

DIRECTIONS

_____
_____
_____
_____
_____
_____
_____
_____
_____
_____
_____
_____
_____
_____
_____
_____

Notes

_____
_____
_____

Recipe _____

SERVINGS _____ SERVING SIZE _____ COOK TIME _____

INGREDIENTS

_____   _____
_____   _____
_____   _____
_____   _____
_____   _____
_____   _____

DIRECTIONS

_____
_____
_____
_____
_____
_____
_____
_____
_____
_____
_____
_____
_____
_____
_____
_____
_____
_____
_____

Notes _____
_____
_____

Recipe

SERVINGS _____   SERVING SIZE _____   COOK TIME _____

INGREDIENTS

_____   _____
_____   _____
_____   _____
_____   _____
_____   _____
_____   _____

DIRECTIONS

_____
_____
_____
_____
_____
_____
_____
_____
_____
_____
_____
_____
_____
_____
_____
_____
_____

Notes

_____
_____
_____

Recipe

SERVINGS _____   SERVING SIZE _____   COOK TIME _____

INGREDIENTS

_____   _____
_____   _____
_____   _____
_____   _____
_____   _____
_____   _____

DIRECTIONS

_____
_____
_____
_____
_____
_____
_____
_____
_____
_____
_____
_____
_____
_____
_____
_____
_____
_____

Notes

_____
_____
_____

Recipe

SERVINGS _____   SERVING SIZE _____   COOK TIME _____

INGREDIENTS

_____   _____
_____   _____
_____   _____
_____   _____
_____   _____
_____   _____

DIRECTIONS

_____
_____
_____
_____
_____
_____
_____
_____
_____
_____
_____
_____
_____
_____
_____
_____
_____

Notes

_____
_____

Recipe

SERVINGS _____   SERVING SIZE _____   COOK TIME _____

INGREDIENTS

_____   _____
_____   _____
_____   _____
_____   _____
_____   _____

DIRECTIONS

_____
_____
_____
_____
_____
_____
_____
_____
_____
_____
_____
_____
_____
_____
_____
_____
_____
_____
_____

Notes

_____
_____
_____

Recipe

SERVINGS _____ SERVING SIZE _____ COOK TIME _____

INGREDIENTS

_____ _____
_____ _____
_____ _____
_____ _____
_____ _____
_____ _____

DIRECTIONS

_____
_____
_____
_____
_____
_____
_____
_____
_____
_____
_____
_____
_____
_____
_____
_____
_____
_____

Notes

_____
_____
_____

Recipe

SERVINGS _____   SERVING SIZE _____   COOK TIME _____

INGREDIENTS

_____   _____
_____   _____
_____   _____
_____   _____
_____   _____
_____   _____

DIRECTIONS

_____
_____
_____
_____
_____
_____
_____
_____
_____
_____
_____
_____
_____
_____
_____
_____
_____
_____
_____

Notes

_____
_____
_____

Recipe _____

SERVINGS _____ SERVING SIZE _____ COOK TIME _____

INGREDIENTS

_____   _____
_____   _____
_____   _____
_____   _____
_____   _____
_____   _____

DIRECTIONS

_____
_____
_____
_____
_____
_____
_____
_____
_____
_____
_____
_____
_____
_____
_____
_____
_____
_____

Notes _____
_____
_____

Recipe

INGREDIENTS

_____   _____
_____   _____
_____   _____
_____   _____
_____   _____
_____   _____

DIRECTIONS

_____
_____
_____
_____
_____
_____
_____
_____
_____
_____
_____
_____
_____
_____
_____
_____
_____
_____

Notes

_____
_____
_____

Recipe

SERVINGS _____ SERVING SIZE _____ COOK TIME _____

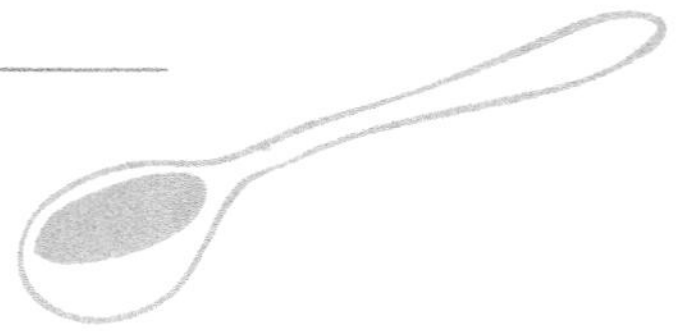

INGREDIENTS

_____ _____
_____ _____
_____ _____
_____ _____
_____ _____
_____ _____

DIRECTIONS

_____
_____
_____
_____
_____
_____
_____
_____
_____
_____
_____
_____
_____
_____
_____
_____
_____
_____
_____

Notes _____
_____
_____

Recipe

SERVINGS _____ SERVING SIZE _____ COOK TIME _____

INGREDIENTS

_____   _____
_____   _____
_____   _____
_____   _____
_____   _____
_____   _____

DIRECTIONS

_____
_____
_____
_____
_____
_____
_____
_____
_____
_____
_____
_____
_____
_____
_____
_____
_____
_____
_____

Notes

_____
_____
_____

Recipe

SERVINGS _____ SERVING SIZE _____ COOK TIME _____

INGREDIENTS

_____ _____
_____ _____
_____ _____
_____ _____
_____ _____
_____ _____

DIRECTIONS

_____
_____
_____
_____
_____
_____
_____
_____
_____
_____
_____
_____
_____
_____
_____
_____
_____

Notes

_____
_____
_____

AN APRON IS

JUST
A CAPE.

Recipe

SERVINGS _____   SERVING SIZE _____   COOK TIME _____

INGREDIENTS

_____   _____
_____   _____
_____   _____
_____   _____
_____   _____
_____   _____

DIRECTIONS

_____
_____
_____
_____
_____
_____
_____
_____
_____
_____
_____
_____
_____
_____
_____
_____
_____
_____

Notes _____
_____
_____

Recipe

SERVINGS _____   SERVING SIZE _____   COOK TIME _____

INGREDIENTS

_____   _____
_____   _____
_____   _____
_____   _____
_____   _____

DIRECTIONS

_____
_____
_____
_____
_____
_____
_____
_____
_____
_____
_____
_____
_____
_____
_____
_____
_____
_____

Notes

_____
_____

Recipe

SERVINGS _____   SERVING SIZE _____   COOK TIME _____

INGREDIENTS

_____   _____
_____   _____
_____   _____
_____   _____
_____   _____
_____   _____

DIRECTIONS

_____
_____
_____
_____
_____
_____
_____
_____
_____
_____
_____
_____
_____
_____
_____
_____
_____
_____

Notes

_____
_____
_____

Recipe

SERVINGS _____   SERVING SIZE _____   COOK TIME _____

INGREDIENTS

_____   _____
_____   _____
_____   _____
_____   _____
_____   _____
_____   _____

DIRECTIONS

_____
_____
_____
_____
_____
_____
_____
_____
_____
_____
_____
_____
_____
_____
_____
_____
_____
_____
_____

Notes

_____
_____

Recipe

SERVINGS _____ SERVING SIZE _____ COOK TIME _____

INGREDIENTS

_____   _____
_____   _____
_____   _____
_____   _____
_____   _____

DIRECTIONS

_____
_____
_____
_____
_____
_____
_____
_____
_____
_____
_____
_____
_____
_____
_____
_____
_____
_____

Notes _____
_____
_____

Recipe

SERVINGS _____   SERVING SIZE _____   COOK TIME _____

INGREDIENTS

_____   _____
_____   _____
_____   _____
_____   _____
_____   _____
_____   _____

DIRECTIONS

_____
_____
_____
_____
_____
_____
_____
_____
_____
_____
_____
_____
_____
_____
_____
_____
_____

Notes

_____
_____
_____

Recipe

SERVINGS _____ SERVING SIZE _____ COOK TIME _____

INGREDIENTS

_____ _____
_____ _____
_____ _____
_____ _____
_____ _____
_____ _____

DIRECTIONS

_____
_____
_____
_____
_____
_____
_____
_____
_____
_____
_____
_____
_____
_____
_____
_____
_____
_____

Notes

_____
_____
_____

Recipe

SERVINGS _____   SERVING SIZE _____   COOK TIME _____

INGREDIENTS

_____   _____
_____   _____
_____   _____
_____   _____
_____   _____
_____   _____

DIRECTIONS

_____
_____
_____
_____
_____
_____
_____
_____
_____
_____
_____
_____
_____
_____
_____
_____
_____
_____
_____

Notes

_____
_____
_____

Recipe

SERVINGS _____ SERVING SIZE _____ COOK TIME _____

INGREDIENTS

_____ _____
_____ _____
_____ _____
_____ _____
_____ _____
_____ _____

DIRECTIONS

_____
_____
_____
_____
_____
_____
_____
_____
_____
_____
_____
_____
_____
_____
_____
_____
_____
_____

Notes _____
_____
_____

Recipe

SERVINGS _____ SERVING SIZE _____ COOK TIME _____

INGREDIENTS

_____ _____
_____ _____
_____ _____
_____ _____
_____ _____
_____ _____

DIRECTIONS

_____
_____
_____
_____
_____
_____
_____
_____
_____
_____
_____
_____
_____
_____
_____
_____
_____
_____
_____
_____

Notes
_____
_____
_____

Recipe

SERVINGS _____   SERVING SIZE _____   COOK TIME _____

INGREDIENTS

_____   _____
_____   _____
_____   _____
_____   _____
_____   _____
_____   _____

DIRECTIONS

_____
_____
_____
_____
_____
_____
_____
_____
_____
_____
_____
_____
_____
_____
_____
_____
_____

Notes _____
_____
_____

Recipe

SERVINGS _____ SERVING SIZE _____ COOK TIME _____

INGREDIENTS

_____   _____
_____   _____
_____   _____
_____   _____
_____   _____

DIRECTIONS

_____
_____
_____
_____
_____
_____
_____
_____
_____
_____
_____
_____
_____
_____
_____
_____
_____
_____

Notes

_____
_____
_____

Recipe

SERVINGS _____   SERVING SIZE _____   COOK TIME _____

INGREDIENTS

_____   _____
_____   _____
_____   _____
_____   _____
_____   _____

DIRECTIONS

_____
_____
_____
_____
_____
_____
_____
_____
_____
_____
_____
_____
_____
_____
_____
_____
_____
_____

Notes _____
_____
_____

Recipe _____

SERVINGS _____   SERVING SIZE _____   COOK TIME _____

INGREDIENTS

_____   _____
_____   _____
_____   _____
_____   _____
_____   _____
_____   _____

DIRECTIONS

_____
_____
_____
_____
_____
_____
_____
_____
_____
_____
_____
_____
_____
_____
_____
_____
_____
_____
_____

Notes _____

_____
_____

Recipe _____

SERVINGS _____ SERVING SIZE _____ COOK TIME _____

INGREDIENTS

_____ _____
_____ _____
_____ _____
_____ _____
_____ _____
_____ _____

DIRECTIONS

_____
_____
_____
_____
_____
_____
_____
_____
_____
_____
_____
_____
_____
_____
_____
_____
_____
_____

Notes
_____
_____
_____

Recipe

SERVINGS _____   SERVING SIZE _____   COOK TIME _____

INGREDIENTS

_____   _____

_____   _____

_____   _____

_____   _____

_____   _____

_____   _____

DIRECTIONS

_____

_____

_____

_____

_____

_____

_____

_____

_____

_____

_____

_____

_____

_____

_____

_____

_____

_____

_____

Notes

_____

_____

_____

Recipe

SERVINGS _____   SERVING SIZE _____   COOK TIME _____

INGREDIENTS

_____   _____

_____   _____

_____   _____

_____   _____

_____   _____

_____   _____

DIRECTIONS

_____

_____

_____

_____

_____

_____

_____

_____

_____

_____

_____

_____

_____

_____

_____

_____

_____

Notes _____

_____

_____

NEVER TRUST

A SKINNY
COOK.

Recipe

SERVINGS _____ SERVING SIZE _____ COOK TIME _____

INGREDIENTS

_____   _____
_____   _____
_____   _____
_____   _____
_____   _____
_____   _____

DIRECTIONS

_____
_____
_____
_____
_____
_____
_____
_____
_____
_____
_____
_____
_____
_____
_____
_____
_____
_____
_____

Notes

_____
_____
_____

Recipe

SERVINGS _____   SERVING SIZE _____   COOK TIME _____

INGREDIENTS

_____   _____

_____   _____

_____   _____

_____   _____

_____   _____

DIRECTIONS

_____

_____

_____

_____

_____

_____

_____

_____

_____

_____

_____

_____

_____

_____

_____

_____

_____

Notes

_____

_____

Recipe

SERVINGS _____ SERVING SIZE _____ COOK TIME _____

INGREDIENTS

_____ _____
_____ _____
_____ _____
_____ _____
_____ _____

DIRECTIONS

_____
_____
_____
_____
_____
_____
_____
_____
_____
_____
_____
_____
_____
_____
_____
_____
_____

Notes _____
_____
_____

Recipe

SERVINGS _____   SERVING SIZE _____   COOK TIME _____

INGREDIENTS

_____   _____
_____   _____
_____   _____
_____   _____
_____   _____
_____   _____

DIRECTIONS

_____
_____
_____
_____
_____
_____
_____
_____
_____
_____
_____
_____
_____
_____
_____
_____
_____

Notes

_____
_____
_____

Recipe

SERVINGS _____ SERVING SIZE _____ COOK TIME _____

INGREDIENTS

_____ _____
_____ _____
_____ _____
_____ _____
_____ _____

DIRECTIONS

_____
_____
_____
_____
_____
_____
_____
_____
_____
_____
_____
_____
_____
_____
_____
_____
_____
_____
_____

Notes _____

Recipe

SERVINGS _____   SERVING SIZE _____   COOK TIME _____

INGREDIENTS

_____   _____

_____   _____

_____   _____

_____   _____

_____   _____

_____   _____

DIRECTIONS

_____

_____

_____

_____

_____

_____

_____

_____

_____

_____

_____

_____

_____

_____

_____

_____

_____

_____

Notes

_____

_____

Recipe

SERVINGS _____   SERVING SIZE _____   COOK TIME _____

INGREDIENTS

_____   _____
_____   _____
_____   _____
_____   _____
_____   _____
_____   _____

DIRECTIONS

_____
_____
_____
_____
_____
_____
_____
_____
_____
_____
_____
_____
_____
_____
_____
_____
_____
_____
_____

Notes _____
_____
_____

Recipe

SERVINGS _____   SERVING SIZE _____   COOK TIME _____

INGREDIENTS

_____   _____

_____   _____

_____   _____

_____   _____

_____   _____

_____   _____

DIRECTIONS

_____

_____

_____

_____

_____

_____

_____

_____

_____

_____

_____

_____

_____

_____

_____

_____

_____

_____

_____

Notes

_____

_____

_____

Recipe

SERVINGS _____ SERVING SIZE _____ COOK TIME _____

INGREDIENTS

_____   _____
_____   _____
_____   _____
_____   _____
_____   _____

DIRECTIONS

_____
_____
_____
_____
_____
_____
_____
_____
_____
_____
_____
_____
_____
_____
_____
_____
_____
_____
_____

Notes

_____
_____
_____

Recipe _____

SERVINGS _____   SERVING SIZE _____   COOK TIME _____

INGREDIENTS

_____   _____

_____   _____

_____   _____

_____   _____

_____   _____

DIRECTIONS

_____

_____

_____

_____

_____

_____

_____

_____

_____

_____

_____

_____

_____

_____

_____

_____

_____

_____

Notes _____

_____

_____

Recipe

SERVINGS _____   SERVING SIZE _____   COOK TIME _____

INGREDIENTS

_____   _____
_____   _____
_____   _____
_____   _____
_____   _____
_____   _____

DIRECTIONS

_____
_____
_____
_____
_____
_____
_____
_____
_____
_____
_____
_____
_____
_____
_____
_____
_____
_____

Notes _____
_____
_____

Recipe

SERVINGS _____   SERVING SIZE _____   COOK TIME _____

INGREDIENTS

_____   _____

_____   _____

_____   _____

_____   _____

_____   _____

_____   _____

DIRECTIONS

_____

_____

_____

_____

_____

_____

_____

_____

_____

_____

_____

_____

_____

_____

_____

_____

_____

Notes

_____

_____

_____

Recipe

SERVINGS _____ SERVING SIZE _____ COOK TIME _____

INGREDIENTS

_____ _____
_____ _____
_____ _____
_____ _____
_____ _____
_____ _____

DIRECTIONS

_____
_____
_____
_____
_____
_____
_____
_____
_____
_____
_____
_____
_____
_____
_____
_____
_____
_____
_____

Notes

_____
_____
_____

Recipe

SERVINGS _____   SERVING SIZE _____   COOK TIME _____

INGREDIENTS

_____   _____
_____   _____
_____   _____
_____   _____
_____   _____
_____   _____

DIRECTIONS

_____
_____
_____
_____
_____
_____
_____
_____
_____
_____
_____
_____
_____
_____
_____
_____
_____
_____

Notes

_____
_____
_____

Recipe

SERVINGS _____   SERVING SIZE _____   COOK TIME _____

INGREDIENTS

_____   _____
_____   _____
_____   _____
_____   _____
_____   _____
_____   _____

DIRECTIONS

_____
_____
_____
_____
_____
_____
_____
_____
_____
_____
_____
_____
_____
_____
_____
_____
_____
_____
_____
_____

Notes _____
_____
_____

ALWAYS

KISS THE COOK.

Recipe _____

SERVINGS _____ SERVING SIZE _____ COOK TIME _____

INGREDIENTS

_____ _____
_____ _____
_____ _____
_____ _____
_____ _____
_____ _____

DIRECTIONS

_____
_____
_____
_____
_____
_____
_____
_____
_____
_____
_____
_____
_____
_____
_____
_____
_____
_____

Notes
_____
_____
_____

Recipe

SERVINGS _____   SERVING SIZE _____   COOK TIME _____

INGREDIENTS

_____   _____
_____   _____
_____   _____
_____   _____
_____   _____
_____   _____

DIRECTIONS

_____
_____
_____
_____
_____
_____
_____
_____
_____
_____
_____
_____
_____
_____
_____
_____
_____
_____

Notes

_____
_____

Recipe

SERVINGS _____   SERVING SIZE _____   COOK TIME _____

INGREDIENTS

_____   _____

_____   _____

_____   _____

_____   _____

_____   _____

_____   _____

DIRECTIONS

_____

_____

_____

_____

_____

_____

_____

_____

_____

_____

_____

_____

_____

_____

_____

_____

_____

Notes

_____

_____

_____

Recipe

SERVINGS _____ SERVING SIZE _____ COOK TIME _____

INGREDIENTS

_____   _____
_____   _____
_____   _____
_____   _____
_____   _____
_____   _____

DIRECTIONS

_____
_____
_____
_____
_____
_____
_____
_____
_____
_____
_____
_____
_____
_____
_____
_____
_____
_____

Notes

_____
_____
_____

Recipe

SERVINGS _____   SERVING SIZE _____   COOK TIME _____

INGREDIENTS

DIRECTIONS

Notes

Recipe

INGREDIENTS

_____ _____

_____ _____

_____ _____

_____ _____

_____ _____

_____ _____

DIRECTIONS

_____

_____

_____

_____

_____

_____

_____

_____

_____

_____

_____

_____

_____

_____

_____

_____

_____

Notes

_____

_____

Recipe

SERVINGS _____   SERVING SIZE _____   COOK TIME _____

INGREDIENTS

_____   _____
_____   _____
_____   _____
_____   _____
_____   _____
_____   _____

DIRECTIONS

_____
_____
_____
_____
_____
_____
_____
_____
_____
_____
_____
_____
_____
_____
_____
_____
_____

Notes _____
_____
_____

Recipe

SERVINGS _____   SERVING SIZE _____   COOK TIME _____

INGREDIENTS

_____   _____
_____   _____
_____   _____
_____   _____
_____   _____
_____   _____

DIRECTIONS

_____
_____
_____
_____
_____
_____
_____
_____
_____
_____
_____
_____
_____
_____
_____
_____
_____

Notes

_____
_____
_____

Recipe

SERVINGS _____ SERVING SIZE _____ COOK TIME _____

INGREDIENTS

_____   _____
_____   _____
_____   _____
_____   _____
_____   _____
_____   _____

DIRECTIONS

_____
_____
_____
_____
_____
_____
_____
_____
_____
_____
_____
_____
_____
_____
_____
_____
_____

Notes

_____
_____
_____

Recipe

SERVINGS _____ SERVING SIZE _____ COOK TIME _____

INGREDIENTS

_____ _____
_____ _____
_____ _____
_____ _____
_____ _____
_____ _____

DIRECTIONS

_____
_____
_____
_____
_____
_____
_____
_____
_____
_____
_____
_____
_____
_____
_____
_____
_____
_____

Notes

_____
_____

Recipe _____

SERVINGS _____   SERVING SIZE _____   COOK TIME _____

INGREDIENTS

_____   _____
_____   _____
_____   _____
_____   _____
_____   _____
_____   _____

DIRECTIONS

_____
_____
_____
_____
_____
_____
_____
_____
_____
_____
_____
_____
_____
_____
_____
_____
_____
_____
_____

Notes
_____
_____
_____

Recipe _____

SERVINGS _____   SERVING SIZE _____   COOK TIME _____

INGREDIENTS

_____   _____
_____   _____
_____   _____
_____   _____
_____   _____

DIRECTIONS

_____
_____
_____
_____
_____
_____
_____
_____
_____
_____
_____
_____
_____
_____
_____
_____
_____
_____

Notes

_____
_____
_____

Recipe

SERVINGS _____   SERVING SIZE _____   COOK TIME _____

INGREDIENTS

_____   _____
_____   _____
_____   _____
_____   _____
_____   _____
_____   _____

DIRECTIONS

_____
_____
_____
_____
_____
_____
_____
_____
_____
_____
_____
_____
_____
_____
_____
_____
_____
_____
_____

Notes

_____
_____
_____

HAPPINESS IS.

HOMEMADE.

Recipe _____

SERVINGS _____   SERVING SIZE _____   COOK TIME _____

INGREDIENTS

_____   _____
_____   _____
_____   _____
_____   _____
_____   _____
_____   _____

DIRECTIONS

_____
_____
_____
_____
_____
_____
_____
_____
_____
_____
_____
_____
_____
_____
_____
_____
_____
_____

Notes _____
_____
_____

Recipe

SERVINGS _____   SERVING SIZE _____   COOK TIME _____

INGREDIENTS

_____   _____

_____   _____

_____   _____

_____   _____

_____   _____

_____   _____

DIRECTIONS

_____

_____

_____

_____

_____

_____

_____

_____

_____

_____

_____

_____

_____

_____

_____

_____

_____

Notes

_____

_____

_____

Recipe

SERVINGS _____ SERVING SIZE _____ COOK TIME _____

INGREDIENTS

_____ _____
_____ _____
_____ _____
_____ _____
_____ _____
_____ _____

DIRECTIONS

_____
_____
_____
_____
_____
_____
_____
_____
_____
_____
_____
_____
_____
_____
_____
_____
_____
_____
_____
_____

Notes

_____
_____
_____

Recipe

SERVINGS _____   SERVING SIZE _____   COOK TIME _____

INGREDIENTS

_____   _____
_____   _____
_____   _____
_____   _____
_____   _____

DIRECTIONS

_____
_____
_____
_____
_____
_____
_____
_____
_____
_____
_____
_____
_____
_____
_____
_____
_____

Notes

_____
_____

Recipe

SERVINGS _____   SERVING SIZE _____   COOK TIME _____

INGREDIENTS

_____   _____
_____   _____
_____   _____
_____   _____
_____   _____
_____   _____

DIRECTIONS

_____
_____
_____
_____
_____
_____
_____
_____
_____
_____
_____
_____
_____
_____
_____
_____
_____
_____

Notes

_____
_____
_____

Recipe

SERVINGS _____   SERVING SIZE _____   COOK TIME _____

INGREDIENTS

_____   _____
_____   _____
_____   _____
_____   _____
_____   _____

DIRECTIONS

_____
_____
_____
_____
_____
_____
_____
_____
_____
_____
_____
_____
_____
_____
_____
_____
_____

Notes

_____
_____
_____

Recipe

SERVINGS _____ SERVING SIZE _____ COOK TIME _____

INGREDIENTS

_____ _____
_____ _____
_____ _____
_____ _____
_____ _____
_____ _____

DIRECTIONS

_____
_____
_____
_____
_____
_____
_____
_____
_____
_____
_____
_____
_____
_____
_____
_____
_____
_____
_____
_____

Notes

_____
_____
_____

Recipe

SERVINGS _____ SERVING SIZE _____ COOK TIME _____

INGREDIENTS

_____   _____
_____   _____
_____   _____
_____   _____
_____   _____
_____   _____

DIRECTIONS

_____
_____
_____
_____
_____
_____
_____
_____
_____
_____
_____
_____
_____
_____
_____
_____
_____
_____

Notes

_____
_____

Recipe

SERVINGS _____   SERVING SIZE _____   COOK TIME _____

INGREDIENTS

_____   _____
_____   _____
_____   _____
_____   _____
_____   _____
_____   _____

DIRECTIONS

_____
_____
_____
_____
_____
_____
_____
_____
_____
_____
_____
_____
_____
_____
_____
_____
_____
_____
_____

Notes

_____
_____
_____

Recipe

SERVINGS _____ SERVING SIZE _____ COOK TIME _____

INGREDIENTS

_____ _____
_____ _____
_____ _____
_____ _____
_____ _____
_____ _____

DIRECTIONS

_____
_____
_____
_____
_____
_____
_____
_____
_____
_____
_____
_____
_____
_____
_____
_____

Notes

_____
_____
_____

Recipe

SERVINGS _____   SERVING SIZE _____   COOK TIME _____

INGREDIENTS

_____   _____

_____   _____

_____   _____

_____   _____

_____   _____

_____   _____

DIRECTIONS

Notes

Recipe

SERVINGS _____   SERVING SIZE _____   COOK TIME _____

INGREDIENTS

_____   _____
_____   _____
_____   _____
_____   _____
_____   _____
_____   _____

DIRECTIONS

_____
_____
_____
_____
_____
_____
_____
_____
_____
_____
_____
_____
_____
_____
_____
_____
_____
_____
_____

Notes

_____
_____
_____

Recipe

SERVINGS _____   SERVING SIZE _____   COOK TIME _____

INGREDIENTS

_____   _____
_____   _____
_____   _____
_____   _____
_____   _____
_____   _____

DIRECTIONS

_____
_____
_____
_____
_____
_____
_____
_____
_____
_____
_____
_____
_____
_____
_____
_____
_____
_____
_____
_____

Notes _____
_____
_____

Recipe

SERVINGS _____   SERVING SIZE _____   COOK TIME _____

INGREDIENTS

_____   _____
_____   _____
_____   _____
_____   _____
_____   _____
_____   _____

DIRECTIONS

_____
_____
_____
_____
_____
_____
_____
_____
_____
_____
_____
_____
_____
_____
_____
_____
_____
_____
_____

Notes

_____
_____
_____

Recipe

SERVINGS _____ SERVING SIZE _____ COOK TIME _____

INGREDIENTS

_____   _____
_____   _____
_____   _____
_____   _____
_____   _____
_____   _____

DIRECTIONS

_____
_____
_____
_____
_____
_____
_____
_____
_____
_____
_____
_____
_____
_____
_____
_____
_____

Notes _____

Recipe

SERVINGS _____ SERVING SIZE _____ COOK TIME _____

INGREDIENTS

_____ _____
_____ _____
_____ _____
_____ _____
_____ _____
_____ _____

DIRECTIONS

_____
_____
_____
_____
_____
_____
_____
_____
_____
_____
_____
_____
_____
_____
_____
_____
_____

Notes

_____
_____

Recipe

SERVINGS _____ SERVING SIZE _____ COOK TIME _____

INGREDIENTS

_____ _____

_____ _____

_____ _____

_____ _____

_____ _____

_____ _____

DIRECTIONS

_____

_____

_____

_____

_____

_____

_____

_____

_____

_____

_____

_____

_____

_____

_____

_____

_____

_____

_____

Notes

_____

_____

_____

Recipe

SERVINGS _____ SERVING SIZE _____ COOK TIME _____

INGREDIENTS

_____ _____
_____ _____
_____ _____
_____ _____
_____ _____
_____ _____

DIRECTIONS

_____
_____
_____
_____
_____
_____
_____
_____
_____
_____
_____
_____
_____
_____
_____
_____
_____
_____

Notes

_____
_____
_____

Recipe

SERVINGS _____   SERVING SIZE _____   COOK TIME _____

INGREDIENTS

_____   _____
_____   _____
_____   _____
_____   _____
_____   _____
_____   _____

DIRECTIONS

_____
_____
_____
_____
_____
_____
_____
_____
_____
_____
_____
_____
_____
_____
_____
_____
_____
_____
_____

Notes _____

Recipe

SERVINGS _____ SERVING SIZE _____ COOK TIME _____

INGREDIENTS

_____ _____
_____ _____
_____ _____
_____ _____
_____ _____
_____ _____

DIRECTIONS

_____
_____
_____
_____
_____
_____
_____
_____
_____
_____
_____
_____
_____
_____
_____
_____
_____

Notes

_____
_____

Recipe

SERVINGS _____   SERVING SIZE _____   COOK TIME _____

INGREDIENTS

_____   _____
_____   _____
_____   _____
_____   _____
_____   _____
_____   _____

DIRECTIONS

_____
_____
_____
_____
_____
_____
_____
_____
_____
_____
_____
_____
_____
_____
_____
_____
_____
_____
_____

Notes _____
_____
_____

Recipe

SERVINGS _____ SERVING SIZE _____ COOK TIME _____

INGREDIENTS

_____ _____

_____ _____

_____ _____

_____ _____

_____ _____

_____ _____

DIRECTIONS

_____

_____

_____

_____

_____

_____

_____

_____

_____

_____

_____

_____

_____

_____

_____

_____

_____

_____

Notes

_____

_____

_____

Recipe _____

SERVINGS _____   SERVING SIZE _____   COOK TIME _____

INGREDIENTS

_____   _____

_____   _____

_____   _____

_____   _____

_____   _____

_____   _____

DIRECTIONS

_____

_____

_____

_____

_____

_____

_____

_____

_____

_____

_____

_____

_____

_____

_____

_____

_____

_____

Notes

_____

_____

_____

Recipe

SERVINGS _____ SERVING SIZE _____ COOK TIME _____

INGREDIENTS

_____   _____
_____   _____
_____   _____
_____   _____
_____   _____
_____   _____

DIRECTIONS

_____
_____
_____
_____
_____
_____
_____
_____
_____
_____
_____
_____
_____
_____
_____
_____
_____
_____

Notes

_____
_____

Recipe _____

SERVINGS _____   SERVING SIZE _____   COOK TIME _____

INGREDIENTS

_____   _____
_____   _____
_____   _____
_____   _____
_____   _____
_____   _____

DIRECTIONS

_____
_____
_____
_____
_____
_____
_____
_____
_____
_____
_____
_____
_____
_____
_____
_____
_____

Notes _____
_____
_____

Recipe

SERVINGS _____ SERVING SIZE _____ COOK TIME _____

INGREDIENTS

_____   _____
_____   _____
_____   _____
_____   _____
_____   _____
_____   _____

DIRECTIONS

_____
_____
_____
_____
_____
_____
_____
_____
_____
_____
_____
_____
_____
_____
_____
_____
_____
_____
_____

Notes

_____
_____
_____

Recipe

SERVINGS _____   SERVING SIZE _____   COOK TIME _____

INGREDIENTS

_____   _____
_____   _____
_____   _____
_____   _____
_____   _____
_____   _____

DIRECTIONS

_____
_____
_____
_____
_____
_____
_____
_____
_____
_____
_____
_____
_____
_____
_____
_____
_____
_____
_____

Notes _____
_____
_____

Recipe

SERVINGS _____ SERVING SIZE _____ COOK TIME _____

INGREDIENTS

_____ _____
_____ _____
_____ _____
_____ _____
_____ _____
_____ _____

DIRECTIONS

_____
_____
_____
_____
_____
_____
_____
_____
_____
_____
_____
_____
_____
_____
_____
_____
_____
_____

Notes

_____
_____

Recipe

SERVINGS _____   SERVING SIZE _____   COOK TIME _____

INGREDIENTS

_____   _____
_____   _____
_____   _____
_____   _____
_____   _____

DIRECTIONS

_____
_____
_____
_____
_____
_____
_____
_____
_____
_____
_____
_____
_____
_____
_____
_____
_____
_____

Notes _____
_____
_____

Recipe

SERVINGS _____   SERVING SIZE _____   COOK TIME _____

INGREDIENTS

_____   _____
_____   _____
_____   _____
_____   _____
_____   _____
_____   _____

DIRECTIONS

_____
_____
_____
_____
_____
_____
_____
_____
_____
_____
_____
_____
_____
_____
_____
_____
_____
_____
_____

Notes

_____
_____
_____

Recipe

SERVINGS _____   SERVING SIZE _____   COOK TIME _____

INGREDIENTS

DIRECTIONS

Notes

Recipe

SERVINGS _____   SERVING SIZE _____   COOK TIME _____

INGREDIENTS

_____   _____
_____   _____
_____   _____
_____   _____
_____   _____
_____   _____

DIRECTIONS

_____
_____
_____
_____
_____
_____
_____
_____
_____
_____
_____
_____
_____
_____
_____
_____
_____
_____

Notes

_____
_____
_____

Recipe

SERVINGS _____   SERVING SIZE _____   COOK TIME _____

INGREDIENTS

_____   _____
_____   _____
_____   _____
_____   _____
_____   _____
_____   _____

DIRECTIONS

_____
_____
_____
_____
_____
_____
_____
_____
_____
_____
_____
_____
_____
_____
_____
_____
_____
_____

Notes

_____
_____
_____

Printed in Great Britain
by Amazon

35181943R00059